586

13588

Gerbier

AVERTISSEMENT.

LE 16 Décembre 1774 , M. Cromot , Sur-Intendant des Finances de MONSIEUR , m'a écrit au nom de ce Prince, que *j'eusse à me justifier d'une maniere authentique* sur des imputations que mes ennemis avoient fait parvenir jusqu'à lui.

Le 6 Janvier, M. Cromot a mis mon Mémoire sous les yeux de MONSIEUR.

Le 10, il m'a annoncé que l'intention de MONSIEUR étoit que je rendisse ce Mémoire public.

Le lendemain 11, le sieur Linguet a obtenu Arrêt qui déclare nul le Jugement du mois de Février 1774, par lequel il avoit été *rayé du Tableau,* ensemble tout ce qui avoit précédé & suivi.

Cet Arrêt, en annullant tout ce qui a été fait contre le sieur Linguet dans l'absence du Parlement, ne détruit pas la délibération par laquelle les *Bâtonniers* & les Députés de l'*Ordre* des Avocats ont arrêté, le mois dernier, qu'aucun Avocat ne communiqueroit plus avec lui , jusqu'à ce qu'il eût été définitivement prononcé par l'*Ordre* sur son état.

Mais je ne puis me dissimuler que cet Arrêt anéantit le Jugement par lequel son Mémoire , contre moi, avoit été *suprimé comme calomnieux.*

Ce Mémoire échappe ainsi à la flétrissure à laquelle il avoit été condamné. Ce furent mes Confreres qui le dénoncerent en 1774, & je recueillis ce fruit de leur estime, sans avoir fait la moindre démarche pour l'obtenir, & sans avoir même répondu aux imputations contenues dans ce Mémoire. Si je romps aujourd'hui le silence, si je publie ma justification, je ne fais que céder aux circonstances qui m'en font une loi.

A l'Audience du 11, le sieur Linguet parlant des Députés de l'Ordre, qui ont arrêté qu'on ne communiqueroit pas avec lui, les a qualifiés de *trente - deux Assassins.* Il lui a plu aussi de m'associer à l'*assassinat* , en m'appellant son *plus cruel ennemi,* quoiqu'il sache que depuis le retour du Parlement, je n'ai assisté à aucune assemblée,& que je n'ai pas même vu un seul des Députés. On prétend néanmoins qu'il m'a bien traité, parce qu'il a dit de moi: *Mon plus cruel ennemi est malheureux, je me tais.* Voilà comme il répare les outrages dont il m'a si indignement accablé. Il ne sait pas qu'on n'est vraiment *malheureux,* que quand on a des reproches à se faire.

MÉMOIRE

POUR Me GERBIER, Ancien Avocat au Parlement.

Quod genus hoc hominum? Æneid. lib. 1.

LA calomnie s'attache à mes pas. Elle a juré de me pour-suivre jusqu'au tombeau.

J'avois consacré tous les inftans de ma vie aux fonctions du plus pénible miniftere. Ma plus grande paffion fut de fervir mes Concitoyens; & j'avois fans doute quelque droit d'efpérer que l'eftime publique feroit la récompenfe de mes travaux. Cependant c'eft lorfque je touche au terme de cette carriere honorable, qu'on effaie de m'accabler d'outrages!

Eft-ce l'envie qui m'attaque? Hélas! Qu'a-t-elle à craindre des derniers efforts que mon courage & mon zele pourroient me permettre encore?

A

Sont-ce ceux que la fatalité de mon miniſtere m'a donné pour Adverſaires, qui changent ce rôle en celui de Perſécuteurs? Citoyens injuſtes ! ai-je pu vous défendre quand j'étois chargé de vous combattre ? Et la néceſſité, le devoir même de mon état, ne devroient-ils pas être mon excuſe auprès de vous ?

Quel que puiſſe être le motif des perſécutions que j'eſſuie, une foule d'ennemis ſe réunit aujourd'hui pour me diffamer. Les propos, les plaintes, les injures que la malice & la vengeance ont vomi contre moi, & que je n'avois d'abord repouſſés que par le ſilence, & par le mépris, on les renouvelle avec plus de fureur que jamais ; & le déchaînement eſt tel, que, moi-même, je doute, ſi ma réputation, j'oſerois dire la célébrité dont j'ai joui pendant trente années, fut autre choſe qu'un ſonge.

Faut-il donc que je deſcende à me juſtifier ! P R I N C E AUGUSTE, pardonnez ma répugnance. Je la vaincrai pour vous plaire, pour mériter vos bontés & votre eſtime, & m'acquérir le droit d'approcher de votre Perſonne. Mais ſi ma conduite vous paroît pure, daignez la mettre déſormais à l'abri de la perſécution & de la méchanceté (1).

Animé de cet eſpoir, je vais répondre à tout ce qu'on m'impute. Je ne me défendrai pas ſeulement contre le Mémoire du Comte de Guines. Je repouſſerai toutes les calomnies que j'avois juſqu'ici mépriſées. Je parcourrai tous les événemens publics &

---

(1) C'eſt dans le moment, où je venois d'obtenir de MONSIEUR, l'agrément d'une Charge d'Intendant de ſes Finances, que la calomnie a redoublé d'efforts. Ce Prince, trop juſte pour condamner un Citoyen ſans l'entendre, m'a permis de lui préſenter ma juſtification, & de lui donner toute l'*authenticité* néceſſaire : il a en même tems daigné me faire aſſurer, *qu'il ne ſouffriroit pas que je fuſſe la victime de la méchanceté & de la calomnie.*

particuliers qui font devenus dans la bouche de mes ennemis, des fujets de blâme. Je foumettrois ma vie toute entiere à l'examen du Juge le plus févere ; s'il y voyoit quelques
foiblefles, il y trouveroit peut-être auffi quelques vertus ; &
certainement elles ne feroient pas même ternies par l'om-
bre d'un crime.

En repondant aux imputations qui me font faites, je ne me
diffimule pas que je m'expofe à de nouvelles fureurs. Je vais
renverfer fur la tête de mes ennemis le poids de l'opprobre
& de l'ignominie dont ils ont voulu charger la mienne.
Pour détruire ma juftification, ils auront encore recours à la
calomnie. Que de nouveaux combats ils vont me livrer ! mais
n'importe, je veux bien m'y engager. Voici feulement la condition qu'il doit m'être permis d'y mettre, & le défi que je
porte à tous mes détracteurs.

Je confens de perdre mon honneur & ma fortune, fi je ne
démontre pas que tout ce qu'on a dit contre moi, n'eft autre
chofe qu'un amas de menfonges. Mais fi mes ennemis ofent
m'inculper encore, s'ils entreprennent de me répondre , je les
fomme d'articuler des faits, de mettre au jour leurs preuves, de
nommer leurs témoins, comme je vais faire, & de fe fou-
mettre, en cas de fauffeté , à être punis comme des calomnia-
teurs. Voilà l'engagement que je fomme tous mes ennemis de
prendre avec moi. On ne peut pas exiger que je me batte contre des ombres.

La plume tombe de mes mains à la vue des calomnies qu'il
faut que je repouffe.

A ij

« *Perfécuteur du fieur Linguet.*

» *Fauffaire dans l'affaire du Comte de Monboiffier.*

» *Coupable d'abus de confiance dans celle des Michelin.*

» *Infidele à quelques Cliens.*

» *Exacteur avec tous.*

» *Corrupteur de témoins dans l'affaire du Comte de Guines.*

» *Vil efclave de la fortune , & changeant de parti avec*

» *elle* ».

Ceux qui avoient, il y a quelques années, une idée fi avantageufe de moi, auroient-ils pu imaginer qu'on tenteroit de me dégrader jufqu'à ce point ?

Lâches ennemis qui me calomniez & n'ofez m'accufer, que mon ame eft loin de la vôtre ! Quand je demandai des armes à l'éloquence, ce fut en Soldat généreux, pour défendre & venger mes Concitoyens opprimés , & non en vil affaffin, pour égorger l'innocence & la probité.

Perfécuteur du fieur Linguet.

J'avois lieu de croire que le mépris public auroit condamné à un oubli éternel, le libelle infâme que le fieur Linguet publia contre moi l'année derniere. *Dénoncé, fupprimé, flétri,* comme *calomnieux,* on le tire aujourd'hui de la pouffiere, pour le faire fervir à ma diffamation. On renouvelle tous les menfonges dont il fut rempli : & la modération qui m'empêcha d'y répondre, devient dans la bouche de mes perfécuteurs , un titre de conviction. Il faut donc aujourd'hui confondre ce calomniateur.

Son audace, fa feule audace en a impofé à la portion du Public qui ne le connoît pas , & l'on m'a cru *jaloux de fes talens,* parce qu'il avoit la modeftie de le dire.

Moi, jaloux! Et jaloux du fieur Linguet! j'en appelle à tous mes Confreres. Quand il parut au Barreau, il y avoit déja 26 ans que j'y jouiffois de quelque confidération. Les plus grands talens y brilloient : les vertus y brilloient plus encore. J'ai été le Contemporain des Orateurs les plus célebres : ils m'infpirerent de l'émulation, & jamais de jaloufie. Ces Oracles du Barreau ont difparu. Une jeuneffe floriffante s'eft préfentée pour les remplacer. Ne m'a-t-on pas vu accueillir avec empreffement tous ces jeunes Confreres, chérir leurs talens, les encourager, & même les admirer ?

Je n'aurai donc été jaloux, injufte, cruel, qu'à l'égard du fieur Linguet? Eft-il vraifemblable qu'un Avocat confommé dans les affaires, & affermi par l'âge dans les premieres places du Barreau, foit devenu tout-à-coup jaloux d'un homme........ qui n'a que le feul talent d'écrire avec efprit, hardieffe & facilité ?

Mais ce n'eft pas, par des préfomptions que je veux répondre. Voici une défenfe qui doit triompher de la prévention la plus obftinée.

Je ne puis me difpenfer de rappeller que dès fon entrée au Barreau, le fieur Linguet s'y eft attiré des reproches ; qu'il fut, il y a plufieurs années, dénoncé à l'*Ordre* pour les faits les plus graves; que repouffé deux fois de fon fein, il ne dut fon admiffion qu'à la modération & à l'indulgence, vertus devenues trop communes dans l'Ordre des Avocats.

Des circonftances trop connues, pour que je les rappelle, déterminèrent, au mois de Juillet 1773 les Avocats qui fréquentoient le Palais, à ne plus communiquer avec lui. Ce vœu eut toute fon exécution, jufqu'au commencement de 1774.

Alors il voulut reprendre fa place au Barreau ; & c'eſt à l'occaſion de cette tentative , qu'il publia le Mémoire dans lequel il m'accuſa , d'*animoſité* , de *cabale* , de *brigandage* , de *trahiſon* ; d'avoir *ſubjugué mes Confreres par mon deſpotiſme , mes maneges & mon art ; d'avoir exclu de la délibération une jeuneſſe floriſſante , qui auroit empéché le brigandage , ſi ſes ſuffrages n'avoient été rejettés ;* d'avoir enfin *ſaiſi l'inſtant où le projet de l'exclure alloit être rejetté , pour propoſer & faire adopter , par mon aveugle & docile Conſiſtoire , la ſuſpenſion d'un an.*

Voilà ſes faits ; voici le mien.

Je ſoutiens qu'il n'y a rien dans ce Mémoire qui ne ſoit faux & calomnieux.

Je demande qu'on interroge tous les Avocats qui aſſiſterent à ces aſſemblées , dans leſquelles le ſieur Linguet prétend que j'ai *cabalé* contre lui , & *ſubjugué mes Confreres.* Je conſens à être rayé du tableau des Avocats & de celui des honnêtes gens , ſi mes Confreres , même ceux dont le vœu lui fut le plus favorable , ne dépoſent pas unanimement , 1°. Que je n'ai dans aucun tems *cabalé* contre lui. 2°. Que la premiere aſſemblée qui ſe tint chez moi , & qu'il traite de *cabale,* de *conciliabule* , ce fut lui qui la demanda , & qui la follicita avec inſtance. 3°. Que je n'eus aucune part à la convocation qui fut faite d'une nouvelle aſſemblée au Palais , & que je ne me trouvai même pas à celle du 31 Janvier. 4°. Que je voulus de même m'excuſer d'aſſiſter à celle du premier Février ; mais que j'y fus entraîné par des Confreres eſtimables qui croyoient l'honneur de l'Ordre intéreſſé dans cette délibération. 5°. Que dans cette ſeconde aſſemblée , la ſeule à laquelle j'aie aſſiſté, je refuſai d'abord de donner ma voix. 6°. Que FORCÉ

de la donner , je m'expliquai avec la plus grande modération.
7°. Que loin d'exclure , comme il l'avance, *une Jeuneſſe floriſſante qui auroit empéché le brigandage , ſi ſes ſuffrages n'avoient
été rejettés* , ce fut moi qui propoſai de donner voix délibérative
à cette *Jeuneſſe* , propoſition qui fut rejettée à la très-grande pluralité. 8°. Que deux opinions s'étant formées, l'une de l'admettre,
en lui faiſant *la plus forte mercuriale* , l'autre de *perſévérer dans
l'excluſion* , ce dernier parti paſſa à la pluralité de deux voix.
Qu'alors j'ARRÊTAI MES CONFRERES QUI SE SÉPAROIENT ,
& leur demandai s'ils croyoient qu'une pluralité de deux voix
pût priver un Citoyen de ſon état : ajoutant que pour moi je
ne le penſois pas, & que je ſuppliois l'Aſſemblée de ne pas
compter mon ſuffrage, ou de reprendre les opinions. 9°. Que
ſur mes vives inſtances , j'obtins une nouvelle délibération ,
par l'événement de laquelle le parti de la *ſuſpenſion* fut adopté,
au lieu de l'*excluſion* qui avoit été d'abord arrêtée , & même
prononcée (1).

Les Avocats qui ont aſſiſté à cette Aſſemblée vivent.
Je ſomme le ſieur Linguet de les faire entendre en dépoſition. S'ils démentent un ſeul des faits que je viens d'articuler , je le repete , je conſens d'être puni moi-même par
la perte de mon état.

Cette enquête que je demande , eſt-il même beſoin de la
faire, & la *notoriété* n'a-t-elle pas déja dépoſé en ma faveur ?

A peine le Mémoire du ſieur Linguet eut paru , qu'il fut *dénoncé* par ces mêmes Avocats dont je réclame le ſuffrage. L'in-
dignation qu'il excita fut ſi univerſelle au Barreau & au Palais ,

---

(1) Le ſieur Linguet , quand il publia ſon Mémoire , oſa rendre une plainte contre moi ; mais il ne lui a donné aucune ſuite , parce qu'il ſavoit bien qu'il ne trouveroit parmi deſ Avocats, aucun homme aſſez peu honnête pour certifier ſes menſonges.

qu'au même inflant ce Mémoire fut fupprimé *comme ca-lomnieux* , & l'Auteur lui-même , malgré tous les protec-teurs qu'il s'étoit faits , *rayé du tableau* (1).

Cependant ce tiffu de menfonges a paffé & paffe encore pour un récit fidele des *malheurs du fieur Linguet* , & de *mes injuflices*. On lui a cru *une ame ferme & incorruptible* , parce qu'il le difoit , & à moi l'ame d'un *tyran* , d'un *defpote* , d'un *odieux perfécuteur* , parce qu'il l'avoit imprimé. Ainfi, l'homme dont la plume répandit plus de paradoxes , eft cru fur fa pa-role ! Et trente années d'eftime & de réputation ne fuffifent pas pour me difpenfer de répondre à un tel Adverfaire ! Cédons puifqu'il le faut , à cette malheureufe & cruelle néceffité , & pourfuivons.

Je viens de prouver que je n'ai point été le *perfécuteur* du fieur Linguet. Que dira-t-on , fi je prouve que dans le tems même où le vœu de tous les Avocats l'éloignoit du Barreau , où les Avocats au Confeil , comme les Avocats au Parlement , refufoient de communiquer avec lui , j'avois la *bonhomie* de confentir que mes Cliens employaffent fa plume. Mon Ordre m'en fera peut-être un reproche ; mais j'efpere qu'il ne m'en fera pas un crime.

Quinze jours avant l'affemblée , je reçus du fieur Linguet une lettre dans laquelle , en m'imputant *de fouffrir que mon nom fervît de prétexte & même de fignal à la perfécution* , il me demandoit par quelle bizarrerie je lui avois adreffé le fieur Tort pour reclamer fon fecours. Il terminoit fa lettre en me difant:

(1) Il vient d'être décidé par le *Batonier* actuel , les anciens *Batoniers* & tous les *Députés des bancs* (ce font les Repréfentans de l'Ordre) , que par provifion l'on ne communiqueroit plus avec le fieur Linguet. On ne me foupçonnera pas , je crois, d'avoir eu part à cette réfolution.

» S'il

« S'il faut aider vos réflexions, il m'est aisé d'ajouter un
» petit article. Vous avez eu l'année derniere une affaire gra-
» ve (1), personnelle; une affaire bien autrement capable,
» si elle étoit fondée, d'écarter un Avocat du Barreau, que
» l'Arrêt du 2 Juillet 1773. J'ai eu jufqu'ici le *courage* de
» refufer de m'en mêler. Rapprochez ce procédé du vôtre,
» & appréciez-les tous deux. J'ai préfenté Requête pour être
» reçu oppofant à l'Arrêt du 2 Juillet, à ce phantôme,
» qu'une cabale acharnée groffit pour me perdre. J'ai lieu
» d'efpérer que mon oppofition fera reçue ».

Je lui répondis deux jours après. Voici ma lettre :

« Ce n'eft point à moi, Monfieur, que vous devez la
» vifite de M. Tort; c'eft à M. T * * * votre ami. M. Tort
» eft venu feulement me faire part du deffein qu'il avoit de
» vous engager à écrire pour lui. Je lui ai dit que *perfonne*
» *n'étoit plus capable de donner à fon affaire une tournure*
» *intéreffante*; qu'il étoit le maître de fon choix; & que,
» quoique notre Ordre eût arrêté de ne plus plaider avec vous,
» je ne refuferois pas de lire votre Mémoire avant qu'il pa-
» rût, & de lui en dire mon avis (2).

» Vous êtes auffi mal inftruit, Monfieur, ou également
» trompé, quand vous m'écrivez que *mon nom fert de pré-*
» *texte à la perfécution qu'on vous fait effuyer*. Voici les
» faits.

» Auffitôt après l'Arrêt que vous favez, on prit la réfolu-
» tion unanime au Palais de ne plus plaider avec vous. Quel-

---

(1) C'eft l'affaire des Michelin, dont je vais parler dans un inftant.

(2) Le fieur Linguet eft refté chargé de cette affaire jufqu'au 20 Décembre 1774,
toujours promettant un Mémoire & ne le donnant pas. Enfin il a rendu au fieur Tort
fes pieces.

B

» ques perſonnes, pour donner plus d'authenticité à ce vœu,
» me demanderent une aſſemblée générale chez moi : je la
» reſuſai. On en indiqua une à la bibliotheque, je n'y allai pas.
» On m'interpella de dire mon avis, je répondis que je ſui-
» vrois l'exemple & la conduite du Corps. Voilà comme
» *j'ai donné le ſignal de la perſécution.* Il eſt vrai que lorſque
» M. le premier Préſident m'a demandé ſi je plaiderois avec
» vous la Cauſe de Eroglie, je lui ai répondu : *Non, Mon-*
» *ſieur, je ne me ſéparerai pas de mon Ordre ; & quelqu'atta-*
» *ché que je ſois à M. le Maréchal , je chéris encore plus*
» *l'eſtime de mes Confreres.* Ce que j'ai dit à M. le premier
» Préſident, je le penſe encore, & rien ne me déterminera à
» changer de ſentiment. Ce n'eſt donc pas à moi, Monſieur,
» qu'il faut vous adreſſer. Faites revenir ſur votre compte tous
» mes Confreres, juſtifiez-vous à leurs yeux, & vous le ſerez
» auſſi-tôt aux miens. Avant que vous fuſſiez au Palais, j'avois
» renoncé aux députations & aux aſſemblées de l'Ordre. Ce
» n'eſt pas que j'aie jamais été indifférent ſur ce qui peut in-
» téreſſer ſon honneur & ſa gloire ; mais je n'ai jamais voulu
» qu'on pût me reprocher, comme vous le faites, d'être le
» *ſignal de la perſécution.* AUJOURD'HUI , Monſieur, croyez-
» vous que je ſois tenté de jouer le rôle de zélateur, qui m'a
» toujours ſi fort répugné ? Ou croiriez-vous encore que je
» ſois jaloux de vos talens ? Rappellez-vous ce que je vous
» ai dit un jour dans le parquet du Châtelet (1). Rappellez-vous

____

(1) J'allois répliquer au ſieur Linguet dans la Cauſe de Gouy. Il vint au-devant de
moi, *me pria de le ménager*, & voulut s'excuſer des injures qu'il avouoit lui être
échappées. La converſation fut un peu longue, & il lui arriva de me dire que *j'étois
jaloux de ſes talens. Jaloux !* m'écriai-je , mais , M. Linguet , *vous n'avez donc aucune
idée de vos talens & des miens. Il eſt impoſſible que nous ſoyons jamais jaloux l'un de
l'autre. Vous avez beaucoup d'eſprit, & je n'en ai pas. Je n'ai que de l'ame, & vous
n'en aurez jamais.*

» avec quelle amitié, chez vous même, je vous ouvris mon
» cœur & vous parlai de vos torts. Perſonne n'eſt certaine-
» ment plus que moi l'admirateur de vos talens & de ceux
» de tous mes Confreres ; & ſi vous aviez ſuivi mes conſeils,
» vous jouiriez en paix d'une célébrité bien plus flatteuſe que
» celle que vous vous êtes acquiſe.

» Je ne ſçai pourquoi vous me rappellez comme une eſ-
» pece de ſacrifice que vous m'avez fait, le refus de vous
» charger de la Cauſe de Michelin. En vérité, Monſieur,
» je ne puis vous ſavoir gré d'avoir refuſé de prêter votre
» plume à un calomniateur impudent, qui n'a pas même
» pour lui les apparences ; & vous me donnez une étrange
» idée de votre *courage*, quand vous parlez de celui que
» vous avez mis à réſiſter aux ſollicitations que vous faiſoit
» un homme injuſte & évidemment abſurde.

» J'ai l'honneur d'être, &c ».

Il résulte de ces lettres que, quoique forcé par le vœu
de mes Confreres à ne plus communiquer avec le ſieur Linguet, je conſentois que mes Cliens le viſſent, qu'ils ſe ſerviſ-
ſent de lui, & qu'ils profitaſſent de ſes talens. Elles donnent
lieu à d'autres réflexions, qui n'échapperont pas aux Lecteurs
attentifs. Tout ce qu'il m'importe de bien établir, eſt que je
n'ai jamais été un *chef de parti*, un *cabaleur*, un *deſpote*, enfin
le perſécuteur du ſieur Linguet. Je crois l'avoir démontré.

Fauſſaire.

C'est dans la Cauſe du Comte de Montboiſſier contre ſa
première épouſe, qu'on me reprocha, il y a environ vingt ans,
d'avoir commis une fauſſeté, dont il n'y avoit jamais eu d'exem-

ple au Barreau , en faifant *deux lettres d'une feule*. Ce reproche fut accompagné , dans le Mémoire imprimé de la Comteffe de Montboiffier , de tout ce qui pouvoit exagérer ce prétendu crime. Qu'avois-je fait ? J'avois cité dans deux endroits de mon Mémoire une lettre de la Comteffe de Montboiffier. J'en avois employé une partie à répondre à une premiere imputation. L'autre partie m'avoit fervi à réfuter d'autres faits. Je n'avois ni altéré la date , ni rien changé aux expreffions. Cela fut fi parfaitement démontré , que le Barreau lui-même demanda que je fuffe vengé d'une maniere éclatante. Par Arrêt rendu fur les conclufions de M. Joly de Fleury , aujourd'hui Préfident à Mortier , les *termes injurieux au Défenfeur du Comte de Montboiffier , contenus au Mémoire de la Comteffe , furent fupprimés.*

Le fieur Linguet a eu le front de renouveller dans une Audience publique , l'imputation dont je viens de parler. Je fus obligé de repouffer l'injure , & l'Arrêt qui l'avoit profcrite fut ma feule réponfe. Je crois n'avoir pas befoin d'une plus ample juftification.

Abus de Confiance.

Le Sieur *Michelin* , ci-devant affocié dans la Ferme du Temple , avec un Sr Daulhiefme , avoit préfenté des Mémoires à M. le Prince de Conti , dans lefquels il prétendoit avoir droit à des indemnités confidérables. Ce Prince renvoya à fon Confeil , dont j'ai l'honneur d'être Membre , l'examen de cette prétention , & le fieur Michelin nous remit à chacun , des Mémoires inftructifs. L'affaire bien difcutée , bien approfondie , nous jugeâmes , que les pertes que le fieur Michelin alléguoit , ne pouvoient lui donner aucune action contre M. le Prince de

Conti, parce que, même en les fuppofant établies, ces pertes étoient entiérement du fait de fon Affocié.

Le fieur Michelin accablé de dettes, & retiré au Temple depuis plufieurs années, fut défefperé de perdre une reffource qui lui fervoit depuis long-tems à calmer fes créanciers. J'ignore à quels Confeils il s'adreffa dans le premier inftant ; il les choifit vraifemblablement parmi mes ennemis. Car il n'avoit pas plus de reproche à me faire, qu'aux autres membres du Confeil du Prince, & cependant, il me choifit entre tous pour m'attaquer. Il rendit d'abord une plainte par laquelle il m'accufoit de retenir *les titres* d'une créance de plus de trois cent mille livres. Enfuite abandonnant cette plainte, il me traduifit au civil, & me fit interroger fur faits & articles. La Caufe fut enfin portée à l'Audience, & j'obtins une Sentence contradictoire qui le *debouta* de fa demande.

Auffi - tôt le fieur Michelin interjette appel, & follicite le fieur Linguet de fe charger de fa défenfe. Le moment étoit favorable; & la haine que me portoit le fieur Linguet, promettoit au fieur Michelin un zele & des efforts furnaturels. Je ne fçai quelles raifons a ce généreux Défenfeur pour croire facilement au crime. Malgré le préjugé favorable de la Sentence que j'avois obtenue, il fe hâte d'imprimer, *que je fuis expofé à des répétitions honteufes, accufé juridiquement d'un abus de confiance de la plus criminelle efpece, réduit à invoquer pour ma défenfe les priviléges de ma profeffion, & à foutenir qu'on n'a rien à me demander, parce qu'il n'exifte pas de preuve que j'aie rien reçu.*

De telles infamies ne me permettoient pas de garder plus long-tems le filence; je me vis forcé de faire juger l'appel. Je ne fus embarraffé que fur le choix des Moyens. Par la nature même des *titres*, que Michelin réclamoit, il étoit évident qu'il plaidoit contre moi fans intérêt. Tous *fes titres*, SUIVANT L'ETAT MÊME QU'IL EN DONNOIT, étoient, ou des pieces entiérement inutiles, ou des actes dont il ne tenoit qu'à lui de fe procurer de fecondes expéditions. Mais Michelin & tous fes partifans furent bien autrement confondus, quand je produifis les deux *doubles* d'un des mémoires qu'il avoit remis à MM. Pothouin & le Paige, dans le cours de la difcuffion qui s'étoit faite à ce fujet dans le Confeil du Prince. Ce Mémoire commençoit ainfi (1) :

Si les créances des freres Michelin NE SONT PAS AP-PUYÉES D'ACTES JURIDIQUES, étant produits en l'inf-tance des Requêtes du Palais, du moins font-elles démontrées au tribunal de l'Equité.

Michelin ne fe fondoit donc pas fur des *titres*. Il ne m'en avoit donc pas remis.

Après cinq Audiences, la Sentence a été confirmée, *le Mémoire fupprimé, & Michelin condamné en 1000 liv. de dommages & intéréts, applicables, de mon confentement, aux pauvres.*

Si tous les détracteurs étoient traités avec la rigueur qu'ils méritent, le nombre en diminueroit fans doute. Mais punit-on la calomnie !

Infidélité à mes Cliens.

C'EST toujours le fieur Linguet qui m'accufe. Il fert d'organe à tous mes ennemis.

Le reproche s'applique à trois affaires dont j'ai été chargé. Celle de M. l'Evêque d'Orléans, celle de la Baronne de Bagge, & celle du Marquis de Brunoi. Je veux me juftifier de

―――――――――――――――――――――

(1) Les deux doubles exiftent encore entre les mains de ces deux Avocats.

tout, même de ce qui n'intéreſſe que la plus ſévére délicateſſe.

M. L'Evêque d'Orléans avoit pris la peine de paſſer chez
moi pour me charger de défendre la nomination du Roi aux
cinq Abbayes de Chezalbenoît. Je vis quelque temps après
Me l'Herminier qui m'invita à me charger d'une grande
Cauſe pour les Bénédictins, ſans me l'expliquer. Me trouvant
ainſi comme engagé aux deux rôles contraires, il fallut me
décider. Je pris, non comme dit le ſieur Linguet, la *balance
de l'avidité*, mais celle de la juſtice. Libre dans mon choix,
parce qu'aucun ſecret, aucune confidence ne me lioit plutôt
à une Partie qu'à l'autre, je préférai d'être le Défenſeur des
droits du Trône. On ſçut au Palais, avec quelle généroſité
ces Religieux récompenſerent les ſoins de leurs zélés & reſ-
pectables Défenſeurs. Moi, je ne demandai ni penſions, ni gratifi-
cations. J'avois un ami * cher à tous ceux qui le connoiſſent ; ſa
fortune ne répondoit pas à ſon mérite ; il étoit ſuſceptible
de graces eccléſiaſtiques : j'en demandai une pour lui : je
l'obtins, & je ne me ſuis jamais trouvé ſi bien récompenſé.

* L'Abbé A....

La Baronne de Bagge a-t-elle eu plus de ſujet de ſe
plaindre de moi ?

A la mort de ſon pere elle m'avoit chargé d'une diſcuſſion
qu'elle avoit avec ſon mari. Un Arrêt de concert aſſoupit ce
différend, & je ceſſai de la voir. Dix ans après elle fait ab-
juration du calviniſme, entreprend de faire caſſer ſon mariage,
conſulte tous les Avocats de Paris, ne m'appelle pas à la Con-
ſultation, & charge Mc Courtin de la plaidoierie. Son mari s'a-
dreſſe à moi. Sa Cauſe me paroît juſte, n'a rien de commun
avec la premiere, & je la plaide.

Où eſt l'*infidélité ?* Les liens de la clientelle ſont-ils donc
éternels ? Et ne doit-il pas du moins nous être permis de ré-

clamer notre liberté, quand le Client ufe de la fienne ? Je ci-
terois cent affaires dans lefquelles mes Confreres les plus honnêtes m'ont donné l'exemple de cette prétendue *infidélité*.

Quant à la Caufe du MARQUIS DE BRUNOI, la querelle qu'on
me fit il y a deux ans, fut, en apparence, plus fondée. Mais je me
juftifiai de maniere à confondre les perfonnes les plus obfti-
nées à me nuire. On oublie tout, & des abfurdités confondues
cent fois, peuvent cent fois être reproduites avec fuccès. Pour
ne pas me répéter, je rapporterai à la fin de ce Mémoire ce
que j'imprimai à ce fujet dans le cours des plaidoieries de la
Caufe. Je prie mes Lecteurs d'y jetter les yeux, & de me juger.

Exacteur avec mes Cliens.

« QUE feroit-on, difoit le fieur Linguet dans fon Mé-
» moire, s'il fe trouvoit au Palais un homme qui vendît tou-
» jours fes paroles, & quelquefois fon filence ; qui n'ouvrît
» jamais la bouche qu'on ne fçût à quel prix, & qui, met-
» tant un impôt fur fes fuccès, n'envifageât dans la victoire
» qu'un prétexte à fes rapines, & fe louât publiquement à celle
» des deux Parties qui a fait briller plus d'or en entrant dans
» fon cabinet » ?

QUEL abominable portrait ! Mais qui pourra jamais m'y re-
connoître ! Je vais révéler tous les fecrets de ma vie : Que mes
détracteurs ofent révéler de même les fecrets de la leur !

J'aurois peine à expliquer toutes les affaires que le fieur Linguet a voulu défigner par chacun de ces traits ; & certes, il
feroit lui-même plus embarraffé que moi, fi on le forçoit de
les détailler. Quelque vague, quelque indéterminée que foit
l'accufation, ma défenfe n'en fera ni moins précife, ni moins
victorieufe.   D'abord

D'abord je le défie de citer un seul homme dont j'aie re-
fusé de plaider la Cause, parce qu'il ne me payoit pas, ou
parce qu'il ne me payoit pas assez. Je le défie d'en citer un seul
de qui j'aie exigé, directement ou indirectement, la moindre
récompense : un seul à qui j'aie témoigné n'être pas satisfait de
ce que sa reconnoissance lui permettoit de m'offrir. Je fais plus,
je le défie de m'inculper d'intérêt ou d'avidité dans aucune oc-
casion de ma vie : de prouver, par exemple, que j'aie recherché
une Cause, une Affaire, même un seul des *Conseils* auxquels la
confiance des Princes & des Grands du Royaume a daigné
m'appeller. Je veux bien même ne pas me rendre difficile avec
lui sur le choix des preuves. Un Billet, une Lettre seulement
d'une personne *connue & non suspecte* : je ne veux rien de plus
pour m'avouer coupable.

Au milieu de ses généralités, de ses injures vagues, le sieur
Linguet a voulu rappeller quelques faits particuliers : je ne les
dissimulerai pas. Ce qu'il n'a osé articuler , je vais le déve-
lopper.

C'est au sujet de la séparation d'entre M. le Comte de Lauraguais & Madame son épouse , qu'il a dit que *j'ai vendu jusqu'à mon silence.* Il a voulu dire que, chargé par M. le Comte de
le défendre contre la demande en séparation de Madame son
épouse, je me laissai gagner, à force d'argent, par Madame
la Comtesse , & que je persuadai à M. le Comte qu'il devoit se
laisser condamner par défaut.

Quelle horreur ! Mais ce n'est pas à moi seul, que ce méchant fait injure. Il offense & l'homme distingué auquel il
prête cette plainte odieuse , & l'épouse respectable qu'il allo-

C

cie à ce marché honteux, à cette infame trahifon. Je ne fais plus quel nom donner à fes excès (1).

On dit encore que j'ai abufé de la confiance de M. le Comte de Lauraguais pour acquérir fa Terre de Franconville, & faire un marché trop avantageux. Je fuis bien loin d'imaginer que ce Seigneur fe foit jamais permis de telles plaintes contre moi. J'en appelle à fon propre témoignage.

Il doit fe fouvenir que l'affreux délabrement de fa Terre, éloignoit prefque tous les acquéreurs. Elle n'avoit ni jardins, ni potagers, ni cour, ni remife. Un château des plus antiques, d'un abord prefque impoffible, & réellement inhabitable, d'autres circonftances encore, rendoient la vente très-difficile. Il y avoit plus d'un an qu'il ne fe préfentoit aucun acquéreur, lorfque Me Roger, ancien Notaire, voulut en faire l'acquifition. Le prix convenu, on fe rendit chez moi. Parmi les perfonnes af-femblées dans mon cabinet, il s'en trouva une qui vouloit ache-ter Bafemont & Herbeville, deux autres Terres de M. le Comte. J'infiftai avec Me Dupré le jeune, Notaire de M. de Lauraguais, pour que les deux Acquéreurs *payaffent comptant & avant le décret.* Cette condition étoit très-importante. Elle étoit en même tems, par l'état des affaires de M. de Lauraguais, fans le moindre rifque pour les acquéreurs. Cependant M^e Ro-ger la rejetta avec humeur : *Voudriez-vous vous-même,* dit-il, en m'adreffant la parole, *acquérir à cette condition ? Sans doute ,*

––

(1) M. le Comte de Lauraguais étant venu dans mon Cabinet, je lui demandai quelle pouvoit être la fource de cet infame propos. Il m'affura devant Me Duclos Dufrefnoy, Notaire, qu'il n'y avoit aucune part. Au furplus, c'eft fous les yeux de M. Molé, ancien Premier Préfident, & de M. Gilbert de Voifin, Confeiller d'Etat, que j'ai conduit toute cette affaire. Je n'ai rien fait que de concert avec ces refpectables parens. Ce fut de leur aveu que je confeillai à M. le Comte de Lauraguais de ne pas plaider.

lui répondis-je, & , *dans l'inflant je vais prendre votre marché , fi vous ne concluez pas.* Je préfentai en même tems tous les
éclairciffemens néceffaires pour prouver à ces Acquéreurs qu'ils
avoient une entiere fûreté : mais Me Roger ne fut pas convaincu,
& fe retira. Quant à l'autre Acquéreur, il me déclara qu'il con-
fentiroit à payer avant le décret, fi je lui en donnois l'exemple.
Alors toutes les perfonnes de l'affemblée, M. de Lauraguais lui-
même, & fes Gens-d'affaires, me prefferent de me mettre au lieu
& place de Me Roger. Ils me firent valoir la proximité de cette
Terre, l'économie que je trouverois à l'habiter, l'avantage que
j'aurais à me défaire , pour un bon prix , d'une autre Terre
plus éloignée & par conféquent plus difpendieufe. Toutes ces
raifons, jointes à un peu de paffion pour l'agriculture , paffion
que j'avouerai fans peine, me déterminerent quelque tems après
à acquérir POUR LE MÊME PRIX que Me Roger avoit offert ;
& ma détermination a valu à M. de Lauraguais l'avantage de
toucher comptant le prix des deux ventes, & d'éviter une faifie-
réelle dont il étoit menacé.

Il n'y eut qu'une différence entre le marché de Me Roger
& le mien. C'eft que je me chargeai de quelques rentes viageres, dont une, entr'autres, de 8000 livres, au capital de
80,000 livres. Seroit-ce cette circonftance qui auroit conduit
à dire que j'ai fait un marché trop avantageux ? Mais fi M.
de Lauraguais s'en fût plaint, il y a long-temps que j'aurois fait
ceffer & la plainte & le reproche. Je lui aurois offert , fans hé-
fiter, la réfiliation du marché de ces rentes viageres , qui n'a
été qu'onéreux pour moi *.

Voilà mes faits, voilà mes témoins. Je pourrois y ajouter
encore que, bientôt après, effrayé des dépenfes énormes qu'en-
traîneroit néceffairement ma nouvelle acquifition, je formai des

C ij

* Toutes ces ren-
tes fubfiftent , ex-
cepté une de 400 l,

vœux pour qu'un des parens de M. le Comte de Lauraguais fît fur moi le retrait de cette Terre. M⸫ Boudot, l'un des *Confeillers* de MONSIEUR, a bien voulu, par amitié pour moi, faire quelques tentatives à ce fujet.

JE ne me ferois jamais imaginé que je dûffe être un jour réduit à mettre fous les yeux du Public le détail de toutes mes affaires domeftiques. Mais on m'attaque, on me recherche fur tous les points : mes perfécuteurs voudroient que je leur rendiffe compte même de mes penfées. Tout ce que je puis faire, c'eft de leur offrir papiers, regiftres, lettres, notes. Qu'ils viennent : je ne leur cacherai rien.

Ils verront deux ou trois gros articles d'honoraires, fans lefquels je n'aurois pas un fol de bien, & que néanmoins certaines gens me reprochent.

Mais il m'eft facile de montrer que fi, pour des peines extrêmes que j'ai prifes dans quelques affaires, mes cliens m'ont marqué une reconnoiffance extrême, je n'en fuis pas moins au-deffus de tout blâme.

Le premier de ces cliens, eft ce Canadien qui s'eft trouvé mêlé dans un procès fameux, pour avoir été forcé de participer à des prévarications qu'il a dénoncées lui-même volontairement, & qu'il s'étoit même empreffé de réparer avant les premieres recherches du Gouvernement. Je refufai long-tems de me mêler de fes affaires; mais la pitié, fa bonne foi, l'intérêt de plus de deux cens créanciers dont le fort dépendoit du fien, me mirent en aĉtion. Je travaillai pour lui pendant plus de deux ans. Il étoit fans pain, je lui en offris : je lui prêtai & lui fis prêter par mes amis. Je vis le moment où je pouvois craindre que la juftice qui lui étoit due, ne lui fût refufée, & mon zele n'en devint que plus vif. Enfin, après des combats & des épreuves de toute efpece, j'obtins fa liquidation & fon paiement en effets du Canada. Il vit dans une Terre du Poitou, eftimé & chéri de tous fes voifins. S'il fut trop libéral envers fon Défenfeur, je fus le premier à le lui repréfenter. Je le cite, je demande qu'on l'interroge; je confens d'être condamné à la reftitution du double, s'il dit que je lui aie parlé ou fait parler feulement d'honoraires, même après le Jugement de fon affaire.

Il eft un fecond Client, qui m'a donné auffi des marques exceffives de reconnoiffance. Il eft connu: il vit au milieu de cette Capitale. Il brilla fous un autre hémifphere par fes exploits, & je les ai célébrés dans celui-ci. Aujourd'hui l'eftime, & la plus tendre amitié nous uniffent. L'avidité & l'exaction ne forment point de telles liaifons ; elles font néceffairement l'effet d'une honnêteté réciproque.

Ces inquifiteurs odieux qui me forcent à rendre compte de toutes mes actions, defireroient-ils auffi que je donnaffe une lifte exacte de toutes les Caufes que j'ai plaidées fans le moindre intérêt, de celles où j'ai modéré la générofité qui vouloit me récompenfer, de celles enfin dans lefquelles j'ai été libéral, & de mon tems, & de ma bourfe ? Ce défintéreffement eft trop commun parmi ceux des Avocats qui connoiffent & qui fentent la dignité de leur profeffion, pour que j'en tire un fujet d'éloge.

J'ajouterai feulement une derniere réflexion.

C'eft de moi feul qu'on a fçu dans le monde la générofité avec laquelle j'ai été traité par M. le Marquis de Buffy, & par le fieur Cadet; ils m'en ont même fait des reproches. Or, je le demande, aurois-je publié leur largeffe fi j'avois eu à en rougir? J'ai cru les honorer & m'honorer moi-même par les témoignages publics de ma reconnoiffance.

Corrupteur de témoins.

Me voici à l'hiſloire du jour. J'ai *ſéduit*, j'ai *gagné*, j'ai *ſuborné* les témoins du ſieur Tort..

Mais qui le dit? Ce n'eſt pas le Comte de Guines ; ce n'eſt pas ſon Ecrivain : ils ne l'ont oſé ni l'un ni l'autre. Qu'on reliſe leur Mémoire ; il contient *trois parties, trois chefs, trois articles.* Le mot de corruption ou de ſubornation n'y eſt employé nulle part, ni en titre, ni dans le corps de l'ouvrage. Tout ce qu'on s'eſt permis de plus fort, a été de dire que *les dépoſitions paroiſſent avoir été concertées.*

Venons au fait.

En 1772 le ſieur Tort & ſes Conſeils ſe préſenterent chez moi, & me prierent de les aider de mes avis dans la plainte qu'il s'agiſſoit de rendre contre M. le Comte de Guines. Je n'ai vu ni connu dans cette affaire aucun *Agioteur.* Je n'ai eu de relation qu'avec le ſieur Bourdieu, célebre Banquier à Londres, eſtimé de notre Gouvernement, & conſidéré dans tous les pays où ſes importantes affaires l'ont fait connoître.

Me Turpin étoit le Conſeil du ſieur Tort ; le ſieur Gomel étoit ſon Procureur : tous trois vinrent chez moi , & je n'ai rien fait dans le cours de cette affaire qui n'ait été concerté avec Me Turpin.

La premiere choſe que nous demandâmes au ſieur Tort fut de mettre ſur le papier tous ſes faits , les noms de ſes témoins, & *les choſes dont chacun pouvoit dépoſer.* Il fit cet ouvrage pour notre inſtruction. Dans un cahier qui contient 60 pages *in-folio,* il rangea par ordre, les noms des temoins & les faits dont ils devoient dépoſer. *M. Roger dépoſera que, &c. M. Vachon*

déposera que, &c. M. *Caffiery déposera que*, &c. M. *Herzuello déposera que*, &c. Le fieur Tort n'y oublia pas même les perfonnes les plus étroitement attachées au Comte de Guines. M. *de Monval* (fon ami intime) *déposera que*, &c. *Le nommé Ber-
nard* (fon laquais) *déposera que*, &c. *Le fieur Boyer* (fon Homme d'affaires) *déposera que*, &c. Dans la fuite , il nous donna un pareil travail fur la dépofition à faire par M. *le Commandeur de Guines*, par M. *Francès* & autres.

Le mot *projet* étoit-il le terme propre à appliquer à dépofitions , indiquées pour notre inftruction? Tout ce que je puis dire, c'eft qu'entre nous autres Confeils, c'étoit le mot dont nous nous fervions pour défigner le travail du fieur Tort! & je fuis bien fûr que parmi les dépofitions que la Juftice a reçues , on n'en trouvera aucune, pas même celle *d'Herzuello*, qui reffemble à ces *projets* ou *efquiffes* ; enfin il eft de toute évidence , que quand nous demandions au fieur Tort, & qu'il nous donnoit les *projets* de dépofition du *Commandeur de Guines*, de M. *de Monval* & de *Boyer*, nous ne fon-
gions pas à faire pour de tels témoins, *des* MODELES DE DÉPO-
SITION.

On vit, au bout d'un an , changer les rôles qu'avoient joué jufques-là les Parties. D'Accufé , M. de Guines fe rendit tout-à-coup Accufateur. Plainte contre Tort, decret: on le traîne pour la feconde fois dans les prifons, après avoir appofé le fcellé fur tous fes effets.

Ce fut dans le cours de la perquifition qui fe fit chez lui, qu'on intercepta quatre lettres que je lui avois écrites.

Quelle fut la main hardie qui ofa s'en emparer ! Certes , la prévention eft bien aveugle ! Tandis qu'on me fait des crimes de tout, on ferme volontairement les yeux fur ce procédé infame. Le Comte de Guines, fes Gens d'affaires, fon Agent & Confeil intime, on les excufe tous d'avoir violé mon fecret, d'avoir pénétré celui du fieur Tort, d'avoir déchiré le voile qui couvre l'intimité du Confeil & du Client, voile facré que la Juftice elle-même fe fait une loi de refpecter (1).

Il eft peut-être encore plus coupable, cet Agent ténébreux, par l'infidélité qu'il a commife, en n'imprimant mes lettres que par extrait. Il l'a été d'autant plus, qu'il favoit que je ne pourrois moi-même en montrer tout le contenu. Je vais les copier ici ; je rapporterai fidelement tout ce qui peut me regarder perfonnellement, & j'avertis, j'affirme que dans celle que je ne ferai qu'extraire, on verra du moins tout ce qui a trait à la queftion, & tout ce que j'en puis citer fans offenfer perfonne.

Premier Billet. « Je vous envoie votre lettre (2), mon cher Monfieur ; je ne
» vous y ai pas reconnu ; elle eft lâche, & vous aviez fûre-
» ment quelque chofe dans la tête quand vous l'avez écrite.

» Dans le projet que nous avons, vous auriez dû vous appe-
» fantir un peu plus fur mon chapitre, & faire valoir davantage
» ma fermeté, mon coup d'œil fur le compte du Sr G.... (3) ;
» ce n'eft qu'à caufe de ce que vous favez, que j'en parle.

---

(1) Deux Arrêts rendus au rapport de M. Pafquier ont ordonné que des Lettres d'un Avocat à fon Client feroient rejettées du Procès, comme ne pouvant y faire preuve à caufe du fecret de la confiance.

(2) C'étoit une lettre au fieur Bourdieu, & non au fieur Gommel, comme Tort a cru fe le rappeller.

(3) Le nom de cette perfonne eft écrit en toutes lettres dans mon billet, ainfi que ceux dont on ne trouvera dans la fuite que la lettre initiale.

» Et

Et puis le projet de dépofition pour Herzuello, *vous ne l'en-*
» *voyez pas : c'étoit-là l'important.*

» Voyez fi vous voulez remettre au prochain courier, & re-
» commencer. Ecrivez leur que je fuis étonné de n'avoir pas
» réponfe à trois lettres que j'ai écrites ».

Second billet. « Voilà toute ma befogne, Monfieur; elle
» n'eft pas longue, *& fi elle m'a donné bien du mal* pour rap-
» procher tout ce qui eft épars & femé de côté & d'autre dans
» les dépofitions (1). Chargez-vous des paquets, de celui de M.
» le Duc avec la copie la plus au net, & de celui de Londres,
» où vous mettrez la deuxieme copie & ma lettre.

» Il feroit bon que vous voyiez auparavant C... & que vous
» lui donniez à lire ce petit réfultat ; il avoit quelqu'envie
» d'en remettre un à M. de S.... Déterminez cela entre vous,
» & faites ce que vous voudrez. D'après les .... je fais plus de
» vœux pour vous voir arranger que pour plaider .... J'aime-
» rois mieux encore en paffer par-là, que de vous voir ....

» N'oubliez pas d'écrire à Londres pour ce qui le concerne
» (le Commiffaire). Il devroit dejà être payé , & j'aurois dû
» y pourvoir avant que de lui rien demander, comme cela fe
» pratique.

» Pour moi , je vous laiffe le foin de faire ce que vous vou-
» drez , & d'écrire à ces Meffieurs ce qu'il convient. Je m'en
» rapporte à vous. Adieu , Monfieur. Je vous fouhaite le bon
» jour. *Jettez ma lettre au feu.* Ce 13 ».

Je prie mes Lecteurs de remarquer ici en paffant l'excès de
mauvaife foi de l'Agent fecret du Comte de Guines. Dans l'ex-

---

(1) Si j'avois eu lieu de craindre que ces lettres ne viffent le jour , j'y aurois fûre-
ment mis un peu plus de correction.

D

trait qu'il a donné de ce billet , il s'eft arrêté à ces mots *ce qu'il convient* ; & plaçant enfuite fes *points*, il a fini par les derniers mots de mon billet , *jettez ma lettre au feu*. On a cru que ces *points* cachoient quelque chofe de grave ; & ils tiennent uniquement la place de cette phrafe qu'on a fupprimée, *adieu, Monfieur, je vous fouhaite le bon foir*.

Mes deux autres billets , font fi indifférens, que les Gens d'affaire du Comte de Guines, n'en ont pas même parlé.

Voila ces Billets qui font tant de bruit à la Cour & à la Ville.

Mais, je le demande d'abord , ce mot : *Jettez ma Lettre au feu*, qu'on a eu la malignité de rapporter, en mettant auparavant, comme par une forte de ménagement, des *points* indicatifs de quelque chofe de grave , ce mot peut-il être déformais équivoque ? Il n'y a rien dans cette feconde Lettre qui ait trait aux témoins, ni à leurs dépofitions. J'en ai cité je le répete, tout ce qu'il m'étoit poffible de rapporter fans offenfer perfonne. Si l'Ecrivain du Comte de Guines perfifte à prétendre que la demande que j'ai faite de *jetter ma Lettre au feu*, a eu un objet criminel, il ne lui refte qu'un parti à prendre, c'eft de fupprimer & fes *points* & les miens, & de montrer ma Lettre toute entiere. Il en eft le maître.

Dans cette même Lettre j'avertis le fieur Tort de ne pas oublier d'écrire à Londres pour ce qui concerne le Commiffaire qui a reçu les informations, & j'ajoute : *J'aurois dû pourvoir à fon paiement avant que de lui rien demander, comme cela fe pratique*. Ce n'eft pas fans malice qu'on a rapporté dans le Mémoire du Comte de Guines cet endroit de ma Lettre.

On a voulu, sans doute, faire soupçonner des relations suf-
pectes entre ce Commiſſaire & nous ; mais ſa réputation l'é-
leve au-deſſus du ſoupçon, & ma conduite à ſon égard eſt la
choſe la plus juſte & la plus naturelle.

Me Chenu avoit d'abord montré au Sr Tort la plus grande répugnance à lui accorder ſon miniſtere. Cette répugnance étoit
fondée ſur les égards qu'il penſoit être dûs à la dignité de M. le
Comte de Guines. Il céda néanmoins aux prieres du ſieur Tort,
reçut ſa plainte, & fit l'information. La regle eſt de payer les honoraires de l'Officier avant qu'il dépoſe au Greffe ſa procédure.
Nous invitions dans ce moment Me Chenu à faire ce dépôt,
qu'il n'a pu effectuer qu'au 10 Novembre 1773. C'étoit une
raiſon pour m'engager à veiller à ce qu'il fût ſatisfait : de-là
mes inſtances auprès du ſieur Tort. Elles étoient honnêtes,
ſans doute, & le procédé de ce Commiſſaire ne l'a pas été
moins ; car il n'eſt pas encore entiérement payé.

Après l'article de Me Chenu, j'ajoute : *Pour moi, je vous
laiſſe le ſoin de faire ce que vous voudrez, & d'écrire à ces
Meſſieurs ce qu'il convient. Je m'en rapporte à vous.*

Je ne puis croire qu'on ait rapporté cette phraſe à deſſein
de me faire ſoupçonner d'avidité. Eſt-ce donc là le ſtyle d'*un
homme qui n'ouvre jamais la bouche qu'on ne ſache à quel
prix, & qui, mettant un impôt ſur ſes ſuccès, n'enviſage dans
la victoire qu'un prétexte à ſes rapines?*

Jusqu'ici, la malignité n'a eu pour but que d'inculper ma
délicateſſe. Mais elle veut aller plus loin, en m'imputant un
complot odieux, & c'eſt ici le point capital.

J'écrivois au ſieur Tort dans mon premier billet :
Et puis, le projet de dépoſition pour Herzuello, vous ne l'en-

voyez pas ? C'étoit-là l'important. . . . : Voilà le crime.

Je ne m'arrêterai pas à établir des principes. Si j'en avois be-foin pour ma défenfe, je prouverois que nous aurions pu *fans aucune tache de corruption*, comme dit Boucheul (1), *nous en-querir des témoins*, communiquer avec eux, & leur envoyer la notice des faits fur lefquels il devoient dépofer, afin de leur en rappeller le fouvenir. Je ferois voir que tel eft fur-tout l'uſage qui fe pratique en Angleterre, où l'inſtruction criminelle eft publique, & où tout accuſateur, en produiſant fes témoins, a droit de les interroger, de les interpeller, de leur retracer la marche des faits, & de fe *recorder* pour ainfi dire avec eux.

Mais je n'ai nul intérêt d'agiter des queſtions de Droit. Ma défenfe & ma juſtification font dans la chofe même.

J'ai déjà expliqué le fens de ce mot de ma lettre, *le projet de dépofition*. Il n'y a jamais eu d'autre *projet* dreſſé par le fieur Tort que ces *notices*, ces *efquiffes* de dépofitions dont j'ai par-lé, & que Me Turpin & moi nous avions defiré & demandé pour nous inſtruire de l'affaire. Ma déclaration devroit fuf-fire : mais je puis y joindre une preuve qui diffipera tous les foupçons.

Dès le *lendemain* du dépôt de mes billets au Greffe, le fieur Tort a été interrogé.

On lui a demandé quelles étoient fes relations avec Herzuello.

A répondu, qu'il NE LUI A ECRIT DE SA VIE.

Interrogé ce que fignifie *le projet de dépofition.*

A répondu que lorſqu'il confulta fon affaire, fes Confeils lui demanderent un Mémoire, dans lequel il difoit que tels & tels avoient connoiſſance de tels & tels faits ; & que c'eſt de ce Mé-moire dont parle Me Gerbier, en lui difant : vous n'envoyez pas la dépofition d'Herzuello.

---

(1) Bibliot. du Droit François, *verbo* Témoins, ch. 16.

Interpellé de déclarer si *ce projet* a été envoyé en Angleterre.

A déclaré que ni lui répondant ni Mᵉ Gerbier n'ont envoyé aucun projet de déposition en Angleterre.

Etonné de voir l'importance qu'on veut donner à ce prétendu *projet de déposition*, le sieur Tort demande à l'instant même au sieur Lieutenant Criminel la permission d'aller chercher, dans la chambre qu'il occupoit dans la prison, le recueil entier de ces *projets*. Il va en effet le chercher, le présente au Juge, & lui fait remarquer le *titre*, qui porte expressément que cet ouvrage *a été fait pour ses Conseils* : la grosseur du *volume*, qui est de soixante pages *in-folio*; l'*écriture*, qui est une copie faite sur sa minute ; la qualité de plusieurs témoins qui sont *les amis & domestiques* du Comte de Guines; la *vétusté* même du papier, qui annonce que cet ouvrage est fait depuis quelque tems. Enfin il prie le Juge de le *parapher*.

On a dissimulé tous ces faits dans le Mémoire du Comte de Guines. Ses Gens d'affaires avoient pourtant sous les yeux l'interrogatoire du Sʳ Tort : ils en ont même rapporté quelques endroits dans le Recueil de leurs *Pieces-justificatives* : ils ont su l'existence de ce travail, de ce recueil des notices de dépositions destiné uniquement pour les Conseils. Pourquoi donc n'en ont-ils pas fait la plus légere mention ? On le devine aisément : ces circonstances auroient éclairé tous les doutes : il ne seroit resté aucune ressource pour me diffamer.

En effet, qu'ai-je besoin d'ajouter encore pour ma justification ? N'est-il pas prouvé par tout ce qu'on vient de voir, 1°. que je n'ai fait aucun *projet* de déposition ; 2°. que ce que j'ai appellé *projet* n'étoit pas autre chose que ces *cannevas*, ces *esquisses* dressées par le sieur Tort; 3°. qu'il n'a jamais été question d'envoyer ces projets ou cannevas à aucun des témoins.

Ce dernier point qui eſt le plus important, eſt auſſi le mieux démontré. Car indépendamment des déclarations préc ſes & réitérées du Sr Tort, la nature ſeule des *prétendues* dépoſitions contenues au *cahier*, démontre la pureté de notre intentio... Parmi ces dépoſitions, on trouve, comme je l'ai déjà dit, celles que le ſieur Tort eſpéroit obtenir du ſieur *de Monval*, l'ami intime du Comte de Guines ; celle de *Boyer*, ſon homme d'affaires, celles de tous ſes domeſtiques. L'eſquiſſe de la dépoſition de *M. le Commandeur de Guines* a été dreſſée comme les autres. Aſſurément (je ne puis trop le répéter) on ne ſoupçonnera pas que nous ayons voulu faire des dépoſitions pour ces témoins ; & il ne tombera ſous le ſens de perſonne que le ſieur Tort ni ſes Conſeils ſe ſoient flattés de ſéduire les parens, les amis, & les domeſtiques du Comte de Guines

Le mot *projet* étoit impropre, ſi l'on veut ; mais je n'écrivois ni pour le Comte de Guines, ni pour ſon Ecrivain plus mal intentionné que puriſte, ni pour le Public. J'ai écrit mon billet dans l'intimité de la confiance qui regnoit entre mon Client & moi ; je l'ai écrit pour un homme qui m'entendoit, qui ſavoit que je travaillois dans ce moment ſur ſon affaire, à qui j'avois déjà demandé la notice de la dépoſition d'Herzuello, & qui avoit oublié de me l'envoyer. Si l'on avoit même daigné y faire la plus légere attention, on auroit vu, malgré le laconiſme de mon billet, qu'il étoit impoſſible de ſuppoſer qu'il fût queſtion d'un *envoi à Herzuello*. En effet, la ſeule correſpondance annoncée par ce billet, eſt celle qu'avoit le ſieur Tort avec le Sr Bourdieu. Si donc je ne demandois pas *l'envoi du projet* pour moi, tout ce qu'on pouvoit ſuppoſer, étoit que je le demandois pour le ſieur Bourdieu : j'en avois le droit, ſans doute, puiſque le ſieur Bourdieu eſt mon Client, & puiſqu'il eſt évidemment lié d'intérêt avec le ſieur Tort.

Les perfonnes capables de réflexion , ont dû remarquer avec furprife la foibleffe avec laquelle cet article , vraiment capital, s'il tendoit à une fubornation de témoins, eft traité dans le Mémoire du Comte de Guines. On n'y fait aucune réflexion fur mes lettres, & toute la magie de l'Écrivain a principalement confifté à frapper & à étonner les yeux. Des caracteres italiques, des lettres maiufcules, des réticences indiquées par des points, & le rapprochement de deux lettres qui n'ont aucun rapport l'une avec l'autre, pour lier cette phrafe, *jettez ma lettre au feu*, avec celle qui vient fix lignes après, le *projet de dépofition pour Herzuello , vous ne l'envoyez pas*. Voilà l'adreffe qui en a impofé , & qui a féduit prefque tous les Lecteurs.

Homme méchant , qui que vous foyez , vous n'avez fait que de vains efforts ? On ne vous foupçonnera pas d'avoir voulu m'épargner. Mon nom dix fois prononcé dans votre Mémoire , prouve de refte votre intention. Vous n'avez pas craint de violer le fecret de notre état ! Un dépôt de lettres ! Des lettres écrites au fein de cette confiance intime , que les gens les moins honnêtes fe font un devoir de refpecter, vous les avez produites au grand jour , & le prétendu corps de délit a été mis fous les yeux de tout le monde. Ofez donc caractérifer ce prétendu délit. Si je fuis coupable, ou même fufpect de fubornation , faites rendre plainte contre moi ; produifez vos témoins. S'il en eft un feul qui puiffe feulement m'inculper, je ne dis pas de *corruption* , mais d'incitation , d'infinuation , & du moindre concert pour le faire dépofer, je confeas que l'opprobre qui doit aujourd'hui retomber fur votre tête, flétriffe à jamais la mienne.

Je laiffe au fieur Tort le foin de confondre toutes les petites circonſtances qu'on a raſſemblées dans le Mémoire du Comte de Guines, pour donner plus d'importance au reproche que je viens de réfuter. Il n'y a rien que ſes Gens d'affaires ne ſe ſoient permis dans cette vue. Ils ont abuſé des réponſes du ſieur Tort, pour donner de fauſſes dates à mes billets : ils ont ſoutenu contre toute vérité, que le ſieur Herzuello avoit *changé de langage* dans ſa derniere dépoſition ; ils ont avancé, contre l'évidence même, que ce changement étoit *favorable* au ſieur Tort ; & ils ont ajouté, avec le ton de hardieſſe le plus incroyable, que c'étoit *l'effet du projet de dépoſition mentionné dans ma lettre ; lettre*, ont-ils dit, *antérieure de ſix ſemaines à la derniere dépoſition.* Je m'écarterois trop de mon objet, ſi je m'arrêtois à dévoiler ces infidélités. Que ne doit-on pas attendre d'hommes capables *de violer le ſecret de la confiance ,* de corrompre le ſens d'un billet, de ſupprimer avec affectation des choſes indifférentes, & de préſenter comme graves les expreſſions les plus innocentes?

Il eſt cependant un dernier reproche auquel je veux répondre. On dit que j'ai été le *perſécuteur* de M. de Guines, & ſon *délateur* auprès du Gouvernement. Ceux qui tiennent de tels propos, connoiſſent bien peu mon caractere, & les loix de mon état. Il eſt poſſible que le Comte de Guines ait rencontré des gens, aſſez peu délicats pour changer le rôle de Défenſeur en celui *d'Agent* & de *Solliciteur.* Mais on ne m'a point encore vu avilir ainſi ma profeſſion : jamais mon zele n'a été ſouillé par l'intrigue. La ſeule choſe que j'aie faite, a été d'écrire deux fois à M. le Duc d'Aiguillon, à la priere du ſieur Bourdieu, pour lui rendre compte de l'état de l'affaire. J'ai prié ce Miniſtre avec les plus vives inſtances de me permettre de prendre

copie

copie de ces deux lettres, pour les faire imprimer, & montrer à M. de Guines, que je n'y écrivois rien qui pût l'offenser. Il m'a été impossible de les avoir, parce que M. le Duc d'Aiguillon ne les a pas conservées.

Je me suis un peu étendu sur cette affaire. Mais le reproche étoit trop grave, & il a été trop accrédité, pour que je puffe me permettre de rien négliger. Un Mémoire signé du Comte de Guines, en a été le garant ; & ce qui a pu lui donner encore plus de poids, est une Confultation imprimée à la fuite de ce Mémoire, & fignée de fix Confultans célèbres & de Me *Elie de Beaumont*.

Mon refpect pour ces Confultans, l'amitié même qui me lie avec plufieurs d'entr'eux, les difculperoit à mes yeux, fi j'avois quelque reproche à leur faire. Mais ils n'ont eu aucune part à l'inculpation : leur Confultation laconique n'en parle même pas, & leur fignature ne peut paffer pour une approbation du Mémoire. D'ailleurs le fentiment qu'ils ont de leur propre eftime, m'eft un garant de celle qu'ils ont pour moi. Je n'ai pu être foupçonné que par ces hommes qui ne croient point à la probité parce qu'ils ne la connoiffent pas. C'eft cette efpece d'hommes, qui ne ceffe de me livrer la guerre. Par combien d'autres outrages n'ont-ils pas effayé de me flétrir ? J'aurois pu me venger. Ils favent qu'elles vérités je pourrois oppofer à leurs injures ! Mais fi je ne fuis pas au-deffus de la calomnie, je fuis au-deffus de la vengeance.

Qu'il me foit permis de le dire ; de tels hommes ne feroient jamais parvenus à me nuire, s'ils n'avoient pas trouvé un accès trop facile auprès d'une foule de perfonnes, qu'une

E

injuſtice d'un autre genre a prévenues depuis quelques années contre moi.

Le croira-t-on ? On ne m'a point pardonné d'avoir penſé que des gens obſcurs puſſent avoir raiſon contre un homme de Qualité : & la Cauſe des *Veron* m'eſt aujourd'hui reprochée, comme ſi, la fermentation qu'elle excita, duroit encore.

J'étois retiré à ma Terre avec quelques amis, lorſque vers le milieu d'Octobre 1771, je vis arriver dans ma cour, à travers un orage affreux, une charrette remplie de ſept perſonnes. On ouvre ma porte, & à l'inſtant ſe précipite à mes genoux une femme agée de 80 ans, ſa fille, & leurs enfans & petits-enfans. Leurs larmes firent couler les miennes & celles des amis qui m'entouroient, avant même que nous euſſions pu deviner l'objet du déſeſpoir de toute cette famille. Un étranger qui les accompagnoit, m'expliqua en bégayant leur infortune : & ſe jettant lui-même à genoux, il me demanda avec inſtance de les ſecourir. Dans le premier mouvement de ma ſenſibilité, je dis à tous ces malheureux : *Je ne plaide plus. J'ai renoncé pour ma vie au Palais ; mais donnez-moi le tems d'approfondir ce myſtere d'iniquité. Si je ſuis convaincu de la juſtice de vos plaintes, mon zele vous ſervira : au défaut de ma voix, je vous conſacrerai tous mes ſoins.* D'après les diverſes opinions qui ont régné dans le monde ſur cette affaire, on me pardonnera, ſans doute, ce mouvement de commiſération, & l'opinion perſonnelle que j'ai priſe dans la ſuite.

Peu de tems après, je fus attaqué d'une maladie terrible; On me conſervoit alors quelqu'eſtime ; je vis mes Concitoyens s'attendrir fur mon état, & l'honorer de leurs larmes. La plume du fieur Linguet lui-même , ne fe chargea-t-elle pas de mon éloge ? .... Il me croyoit mort (1) !

Echappé au danger qui me menaçoit, le premier mot qui fortit de ma bouche , fut , je l'avoue , le nom des *Véron*. Quelque tems après , je partis pour la Campagne , afin de raffermir ma fanté par le bon air & par le repos. Mais pendant que la nature me reftituoit mes forces , la veuve Véron expira. Son petit-fils vint auffi-tôt me l'apprendre , accompagné d'un de fes amis & de celui de nos Confreres qui eft refté fon principal Défenfeur. Ils m'apportoient le teftament de cette mere infortunée. Elle y avoit dépofé le ferment terrible qu'elle ofa faire à Dieu , de la réalité de fon prêt. Elle m'y prioit de

---

(1) Dans fon Plaidoyer , page 50.

» Qui fait quels miracles pourra produire l'éloquence de leurs Défenfeurs , fur-
» tout fi l'un d'entr'eux , déjà fi juftement admiré par fes talens , a vu , par une cir-
» conftance imprévue , redoubler l'attachement & la vénération commune , fi le
» premier combat qu'il foutient , prefqu'en fortant du tombeau , eft pour eux , &
» fi les applaudiffemens arrachés par le plaifir de le revoir , peuvent s'appliquer à
» la Caufe » !

Et dans fa Réplique , page 33.

» Le nom du Défenfeur qu'elle (la veuve Veron) avoit choifi, avoit en quelque forte
» mis le Public en fufpens.... Ceux qui ne connoiffoient pas le Comte de Morangiés,
» croyoient, d'après l'*intégrité* connue, d'après la *prudence* éprouvée, d'après la
» *délicateffe fcrupuleufe* de l'Orateur fameux qui devoit fe charger de la défenfe
» de la Veron .... que cette femme étoit innocente & fa Caufe infaillible ».

On ne me foupçonnera pas d'avoir dans aucun tems tiré vanité de ces éloges. N'a-t-il pas loué *Tibere !* Je veux feulement faire obferver avec quelle facilité il fe contredit lui-même , & paffe de l'éloge le plus outré à la calomnie la plus atroce , auffi-tôt que fon intérêt le demande.

E ij

ne pas abandonner ſes enfans , ni l'honneur de ſa mémoire. Elle m'y faiſoit enfin un legs de dix mille livres. Juſqu'à l'article de ce legs, mon émotion & mon zele n'avoient fait que redoubler. Quand je lus l'article du legs, le teſtament me tomba des mains. *Ah , malheureux !* dis-je à Dujonquai, *la reconnoiſſance de votre pauvre mere m'ôte tous les moyens de vous défendre. On croiroit voir de l'intérêt dans mon zele , & je ne voulois faire parler pour vous que ma conviction & ma ſenſibilité.*

Voilà tout ce que j'ai fait en faveur des *Véron*. Après avoir tenté , dans le principe , d'arranger cette affaire ; après avoir voulu la ſoumettre au jugement même de la famille du Comte de Morangiés , j'ai fini par ne m'en plus mêler. J'ai renoncé dans le même inſtant au legs & à la Cauſe , & je n'ai pris aucune part à tout ce qui a ſuivi.

Cette conduite eût-elle dû jamais aigrir contre moi les amis du Comte de Morangiés ?

Celle que j'ai tenue dans l'affaire du Comte de Guines , n'a été ni moins ſage ni moins circonſpecte. Les perſonnes les plus reſ-pectables ont vu les efforts que j'ai faits , dès le principe, pour la terminer ſans éclat. Je n'y ai point plaidé. Je n'ai publié aucun Mémoire. Pendant deux années entieres , je me ſuis conſtamment oppoſé à ce qu'il en fût imprimé aucun. Et je puis dire que ce n'eſt pas ſans peine que je ſuis par-venu à calmer l'empreſſement qu'avoient mes Cliens Anglois, de faire éclater leur vengeance dans leurs *Papiers* publics. Cette modération ne m'a ſervi de rien. La naiſſance, les ta-lens , la fortune , en élevant le Comte de Guines aux premiers emplois, l'ont entouré d'amis, de protecteurs , de protégés , de tout ſexe, de tout rang , de tout état. Et par ce que je ſuis un des Conseils de ses Adversaires, j'aurai perdu tout droit à l'estime des ames honnêtes !

Eh ! que deviendront les Loix , les mœurs , notre ministere , si lorsqu'un infortuné vient implorer notre appui , il faut , pour nous décider à le défendre , mesurer le degré du crédit & de la puissance qui l'accable? Quoi ! parce qu'on devra au hasard de la naissance , un nom & des titres illustres , parce qu'on sera revêtu de grands emplois, on aura le privilege d'enchaîner mon devoir! Je n'aurai plus de secours à prêter à l'innocence ! Non. Je remplirai jusqu'à mon dernier moment le serment que j'ai fait à la Justice, & j'acquitterai ce que je dois à l'humanité. Venez, mes Concitoyens , mes semblables, hommes, qui que vous soyez, accourez avec confiance. Votre pauvreté ne rebutera pas mon zele , votre infortune ne fera que l'accroître. Ce fut pour vous que l'on consacra des Temples à la Justice , & c'est pour vous servir , que j'acquis le droit d'approcher de ses autels.

Ce courage ne m'abandonnera jamais qu'avec la vie.

Non : de vils intérêts ne pourront ni affoiblir mes sentimens, ni *me faire changer de parti avec la fortune.* Voilà néanmoins le dernir reproche qu'on me fait. Il faut y répondre.

Vil esclave de la fortune , & changeant de parti avec elle.

Pourquoi me force-t-on de rappeller ici cette époque dont la joie & la félicité publique devroient avoir effacé le souvenir? Elle a partagé ma vie : c'est dès cet instant que la calomnie s'est tout permis contre moi.

Cependant ma conduite & mes sentimens n'ont-ils pas été publics ? Ne m'a-t-on pas vu gémir avec tous mes Concitoyens

fur les malheurs de cette illuftre Magiftrature qui reparoît aujourd'hui avec tant de gloire ?

On fait quelles révolutions éclaterent en 1771. Les chofes
furent portées à un tel point , que le courage d'un grand nombre de Magiftrats refpectables en fut ébranlé : l'effroi devint
général , & il fe communiqua jufques dans notre Ordre.

De-là la rentrée de plus de trois cens de nos Confreres,
ayant à leur tête l'un des plus anciens & des plus refpectables
Bâtonniers de l'Ordre.

Cette rentrée fe fit à la Saint-Martin 1771. Le torrent étoit
affez violent pour m'entraîner ; j'y réfiftai. Un autre furvint ; la
frayeur qui s'emparoit de tous les efprits , conduifit au Greffe
une foule de Citoyens vertueux qui étoient menacés de perdre
avec leur état , l'efpoir de s'en faire jamais un autre. Je réfiftai
encore (1).

____

(1) On a dit, on répete encore que ce fut par mes confeils , & même par mon
impulfion , que beaucoup d'Avocats parurent à cette rentrée. C'eft le comble de
la calomnie & de la méchanceté. J'étois à Paris le jour de la Meffe-Rouge 1771.
Je vis quelques-uns de mes amis. Loin de les engager à rentrer , je leur déclarai
formellement qu'on ne me reverroit plus au Palais. Dans cet inftant , je tenois plus
que jamais à une réfolntion prife par fentiment , & je fermois les yeux fur toutes les
confidérations qui auroient pu me déterminer à fuivre l'exemple des autres. Les
affiches mifes fur la porte de ma maifon , furent un témoin non fufpect de mon
intention. Auffi me furent-elles reprochées alors comme un crime. Les ennemis
de la Magiftrature prétendirent que ces affiches étoient l'étendard de la révolte que
je voulois exciter dans mon Ordre. Aujourd'hui c'eft la défertion d'une partie de
cet Ordre qu'on veut que j'aie provoquée ? Ne va-t-on pas même jufqu'à dire que j'ai
tenu des propos contre mes Confreres & contre les anciens Magiftrats? Ne dit-on
pas encore qu'ufurpant les fonctions de Bâtonnier à la rentrée , j'ai conduit les
Avocats en foule chez M. de Sauvigny , tandis que je n'y parus qu'avec cinq ou fix
de mes Confreres qui voulurent entendre eux-mêmes de la bouche de ce Magiftrat,
la parole qu'il m'avoit donnée , qu'on _ne changeroit rien au tableau_ ? J'ai demandé à quelques perfonnes les preuves , les témoins de tous ces faits. On n'a pu
m'en citer aucun. Et cependant ces rêveries continuent de fe débiter gravement dans
les cercles.

N'en eft-ce pas aſſez pour juſtifier mes ſentimens? Et faut-il que j'ajoute ici le tableau de la triſte ſituation dans laquelle je me trouvois? Une ſœur qui avoit eu le malheur de déplaire au Gouvernement; une fortune dérangée par des événemens imprévus, & ſur-tout par la réduction des effets royaux qui en faiſoient la meilleure partie : une femme & des enfans aſſez courageux pour partager mes malheurs; mais d'autant plus dignes de m'émouvoir, de m'attendrir & de m'intéreſſer. Je tais des circonſtances plus touchantes encore. Je les mis dans le tems ſous les yeux d'un Prince, dans lequel la Nation reſpecte, & le ſang de ſes Rois, & les vertus du Citoyen. Il daigna compatir à ma ſituation : & n'a ceſſé de m'honorer de ſa confiance, de ſon eſtime, de ſes bontés, & même de ſes bienfaits.

Deux de mes plus reſpectables Confreres furent, dans ce moment, les témoins de l'agitation de mon ame, & les dépoſitaires de la pureté de mes intentions. MM. Lepaige & Pinault ſe rappellent que j'oſai demander pour condition de ma rentrée particuliere, *qu'on voudroit bien affranchir ceux de mes Confreres qui, comme moi, n'avoient paru ni à la Meſſe-Rouge, ni au Greffe, des conditions qu'on exigeoit d'eux pour demeurer inſcrits ſur notre tableau.* Ils ſavent que cette condition qui fut acceptée, *fut un de mes motifs déterminans* pour reparoître au Palais. Ils ont dit enfin, à qui a voulu l'entendre, que *c'étoit à moi qu'on devoit, de ce que notre Tableau étoit demeuré dans toute ſon intégrité* (1).

Cette conduite eſt-elle donc faite pour m'humilier ? Qui de nous peut même mériter le moindre blâme ! N'avons-nous pas

---

(1) J'ai la lettre de M. Le Paige, du 26 Décembre dernier, qui atteſte tous ces faits.

dans tous les temps prouvé notre attachement aux Loix &
à la magiſtrature ? Non. Les principes, l'honneur, & la vertu
n'ont jamais ceſſé de régner au Barreau. Des révolutions dont
il feroit peut-être difficile de trouver l'exemple, ont pu partager les opinions : mais elles n'ont point détruit les principes
qui ſont gravés dans l'ame de tout bon citoyen. Que ceux dont
la conduite a été différente de la nôtre, aſpirent, s'ils le veu-
lent, aux honneurs du triomphe ! Le nôtre, au milieu des
orages, eſt de jouir en paix du témoignage d'une conſcience
irréprochable.

C'eſt ainſi que vous en avez jugé, Chef illuſtre d'une des
principales Cours du royaume, vrai Magiſtrat, homme ſans
paſſion, digne ami de l'humanité ! Au ſein de la gloire dont
votre courage & vos vertus ont environné votre retour, on
vous a vu appeller à grands cris la *Paix*, & la *Concorde* ; vous
n'avez vu que du *courage* dans ce qu'on traite de foibleſſe,
que des vertus, où l'on veut trouver des crimes (1). Sans doute

---

(1) Diſcours prononcé par M. de Malesherbes, à la rentrée du 21 Novembre 1774.
» . . . . Et vous, Orateurs du Barreau, vous qui avez pu ſacrifier à la
» rigueur des principes les intérêts les plus chers à preſque tous les hommes, ſor-
» tez, il en eſt tems, de ces retraites reſpeſtables, où vos talens ont été ſi long-
» tems enſevelis, & venez recevoir des mains du Public la ſeule récompenſe digne
» de vos vertus.

» Paroiſſez auſſi, vous, qui, dans les tems les plus malheureux, fûtes toujours
» ſe courageux Défenſeurs des Citoyens ; vous, dont la préſence a ſoutenu plus d'une
» fois la Juſtice chancelante, & qui, dans ces jours fortunés, jouiſſez du bonheur
» de vous voir réunis à ces illuſtres Confreres, dont vos cœurs n'ont jamais été ſéparés.

» Puiſſe la Concorde régner éternellement dans cet Ordre déjà ſi célebre par la
» ſcience, par le génie, par l'intégrité, par une conſtance éprouvée dans de longues
» adverſités.

» Magiſtrats, Orateurs, Citoyens de tous les Ordres, n'oublions jamais que le
» plus grand attentat contre une Nation eſt de ſemer un germe de diviſions inteſtines
» dans chaque Province, dans chaque Ville, dans chaque Corps, dans chaque Fa-

la Magiſtrature entière nous a parlé par votre bouche. Elle devoit ce retour d'eſtime & de bienveillance à un Ordre qui n'a jamais ceſſé de lui être attaché , & de lui en donner des preuves.

Je partagerai toute ma vie cet attachement honorable , & rien ne pourra l'affoiblir. L'amour de la Juſtice , le reſpect pour les Loix, la juſte vénération due à ceux qui en ſont les Miniſ-tres, voilà les devoirs, qui dars mon enfance m'ont été mis ſous les yeux , que je n'ai perdu de vue dans aucun inſtant de ma vie , & que je chérirai juſqu'au dernier de mes jours.

C'eſt le mérite le plus grand que je puiſſe offrir à L'AUGUSTE PRINCE , qui daigne m'appeller auprès de ſa perſonne : à ce Prince digne par ſes vertus d'être à côté d'un Trône où eſt aſſiſe la Vertu même.

» mille ; & que le plus grand bienfait du Monarque , aujourd'hui ſi cher à ſon peu-
» ple , eſt d'avoir paru en Pacificateur dans le Temple de la Juſtice.
» » Couronnons l'ouvrage qu'il a ſi glorieuſement commencé ; & achevons de con-
» fondre les auteurs des calamités publiques , en arrachant de nos cœurs tous les le-
» vains de diſcorde , & faiſant luire , après les crages, le jour le plus pur, le plus
» calme, le plus ſerein.
» Il eſt prêt à luire ſur nous , Meſſieurs , ce jour tant deſiré : oublions les malheurs
» excuſons les foibleſſes , ſacrifions les reſſentimens ; & ne nous permettons qu'une
» noble émulation , toujours dirigée vers le bien public ».

Me GERBIER, Avocat.

F

EXTRAIT du Mémoire de Me GERBIER, dans la Caufe du Marquis DE BRUNOY.

On me reproche de m'être chargé de la Caufe de la famille paternelle. Je devois, dit-on, renoncer à la défendre, parce que j'ai été anciennement le Confeil du Marquis de Brunoy, & qu'il m'a rendu le fervice de me prêter 130000 livres.

J'écarte d'abord ce prétendu fervice. J'ai acheté dans le même tems une Terre de 400000 livres, & une maifon dans Paris qui vaut au moins 100000 livres. Le Tuteur du Marquis de Brunoy avoit des fonds à placer. Beaucoup d'autres perfonnes m'en offroient, parce que je préfentois un *privilege de bailleur de fonds*. J'ai donné la préférence au Tuteur du Marquis de Brunoy ; & par délibérations du Confeil de tutele, les emplois ont été effectués fur ma Terre & fur ma maifon. Si de tels emprunts font des titres de reconnoiffance, il faut convenir que le monde eft plein d'ingrats. Pour moi, j'avouerai que, malgré le reproche, je ne me fens point du tout difpofé à payer de reconnoiffance un mineur qui n'a pas même fu fi j'empruntois fes fonds, dont j'ai fait le bien en lui procurant l'emploi le plus avantageux, & que j'ai exactement fervi de fes arrérages.

J'ai été en outre le Confeil du Marquis de Brunoy. C'eft le fecond reproche qu'on me fait, & il eft encore, j'ofe le dire, plus ridicule que le premier.

1°. Je n'ai eu dans aucun tems, la confiance perfonnelle du Marquis de Brunoy. Sa famille m'avoit nommé Confeil de tutele en 1766. Le Magiftrat avoit confirmé ce choix. C'eft cette même famille, dont j'ai eu la confiance, que je défends aujourd'hui. Je n'ai donc point changé de rôle.

2°. Un avis que j'ai donné en 1769, m'a valu, & à Me Boudot, une *fignification d'Huiffier*, par laquelle on faifoit dire au Marquis de Brunoy, qu'il ne vouloit plus que nous affiftaffions à fon Confeil. D'autres auroient peut-être méprifé cette fignification. Et de quel droit en effet prétendoit-on faire révoquer, par un mineur, des Con-

feils qui lui avoient été donnés par un avis de parens & par Sentence?
Mais nous cédâmes Me Boudot & moi; nous avons au même moment renoncé au Conseil & aux honoraires; & depuis ce jour, je
ne me me fuis plus mêlé en aucune façon de l'adminiftration de fes
affaires.

Je le demande maintenant : n'eft-il pas tout à fait bizarre qu'on me
faffe un crime de plaider contre ce mineur? Il m'a défendu de me mêler
de fes affaires; & il ne veut pas non plus que je me mêle de celles
des autres!

Mais je n'en dis pas affez : &c.

Me GERBIER, Avocat.

De l'Imprimerie de DIDOT. 1775.